Annette Diepolder

Zusammen feiern
Hochzeit

Deko-Ideen ♥ Einladungen ♥ Tischschmuck

Inhalt

8 Romantische Hochzeit – stimmungsvoll & verspielt

- 10 Tischdeko
- 14 Gästebuch
- 16 Stuhldeko
- 18 Einladungskarten
- 21 Danksagung

22 Rustikale Hochzeit – ländlich & draußen

- 24 Tischdeko
- 28 Kuchen-Menütafel
- 30 Rebenherz & Hochzeitspaar
- 32 Keilrahmen für Gästewünsche
- 34 Einladungskarten
- 36 Danksagung
- 37 „Danke"-Sekt

38 Bunte Hochzeit – farbenprächtig & fröhlich

- 40 Tischdeko
- 46 Stuhldeko
- 48 Mini-Baum für Gästewünsche
- 50 Einladungen
- 54 Danksagungs-CD

56 Edle Hochzeit – exquisit & festlich

- 58 Tischdeko
- 64 Herzen-Deko
- 66 Behälter für Gästewünsche
- 68 Einladungskarten
- 71 Danksagung

- 72 Material & Technik
- 74 Vorlagen
- 76 Impressum

Treffend formuliert!

- 17 Save the date!
- 32 Die Hochzeitsgeschenke – Textbeispiele
- 50 Die Einladung – Textbeispiele
- 54 Die Danksagung – Textbeispiele

Wir heiraten!

Die Hochzeit ist für das Brautpaar, die Freunde und die Familie ein ganz besonderer Tag, auf den sich alle freuen. Der Termin steht in der Regel schon frühzeitig fest, und so bleibt genügend Zeit für die Vorbereitungen. Die in diesem Buch vorgestellten Hochzeits-Ideen zeigen, wie man Einladungskarten, Dekorationen rund um den Festtagstisch, kleine Give-aways und Gästebücher individuell selbst gestalten kann.

Edel oder rustikal, romantisch oder fröhlich bunt, das sind die verschiedenen Stilrichtungen. Alle Anregungen sind mit wenig Aufwand einfach nachzuarbeiten, sie sind farblich aufeinander abgestimmt und passen wunderschön zusammen.

Eine Traumhochzeit und ein unvergessliches Fest, an das sich Brautpaar und Gäste immer gern erinnern werden, wünscht

Annette Diepolder

In der Liebe versinken und verlieren sich alle Widersprüche des Lebens.
Nur in der Liebe sind Einheit und Zweiheit nicht in Widerstreit.

RABINDRANATH TAGORE

Romantische Hochzeit – stimmungsvoll & verspielt

Tischdeko

Tischkartenherz

MATERIAL
- Chiffonstoff, Polyesterstoff und Gardinenstoff in den Farbtönen Weiß, Rosa, Lila
- Bastelfilz in Rosa
- Tonkarton in Weiß, geprägt
- Papier in Weiß
- Rocailleperlen in Weiß mit Silbereinzug, 4 mm Ø
- Haarklammern
- Nähnadel und Faden
- Feuerzeug
- Heißkleber

VORLAGE 1 „Herz", Seite 74

Für jede Klammer nach der Vorlage neun Herzen aus unterschiedlichen Stoffen zuschneiden. Mit dem Feuerzeug vorsichtig die Ränder der Herzen abflammen, bis sie sich leicht nach oben wölben. Die Herzen der Abbildung entsprechend aufeinanderlegen und mittig mit Nadel und Faden zusammennähen, dabei drei Perlen ergänzen. Auf der Rückseite des fertigen Herzens einen Bastelfilzkreis befestigen und darauf eine Klammer mit Heißkleber fixieren. Den Schriftzug am Computer erstellen, mit einem Farbdrucker ausdrucken, zuschneiden und auf geprägten Tonkarton, 7 x 3 cm, kleben. Das Namensschildchen an die Klammer stecken.

Menükarte

MATERIAL
- Bilderrahmen in Weiß mit Ausschnitt 13 x 18 cm
- Tonkarton in Weiß, geprägt
- Motivpapier „Ornamente mit Herzen" in Rosa
- Papier in Weiß
- Stempel „Menü"
- Embossingpulver in Rosa, Weinrot
- Stempelkissen, transparent

Nach der Anleitung auf Seite 73 den Schriftzug „Menü" auf weißes Papier stempeln, mit einer Mischung aus beiden Pulverfarben bestreuen und einbrennen. Anschließend trocknen lassen. Das Papier mit dem Schriftzug auf 7,5 x 5 cm zuschneiden und auf weißen Tonkarton, 8 x 6 cm, kleben. Den Tonkarton auf einem 10 x 7 cm großen Stück Ornamentpapier fixieren.

Den Text für die Menüfolge am Computer erstellen, farbig ausdrucken und auf 11,5 x 9,5 cm zuschneiden. Motivpapier, 13 x 18 cm, mit weißem Tonkarton, 10,5 x 15 cm, bekleben und darauf den Text der Menüfolge fixieren. Die Papiere hinter dem Rahmenausschnitt befestigen. Den bestempelten Zuschnitt oben auf dem Rahmen anbringen. Die Einzelteile der Abbildung entsprechend zusammenfügen.

Tipp
Am besten die Stempeltechnik zuerst auf einem Papier ausprobieren.

Tischlicht

MATERIAL
- Glas, ca. 10 cm hoch, 8 cm Ø
- Rocailleperlen in Weinrot, Transparent, 4 mm Ø
- Wachsperlen in Weiß, 4 mm Ø
- Silberdraht, 0,4 mm Ø
- Strohseide in Rosa
- Serviettenkleber
- Chiffonband in Weinrot, 2,5 cm breit

Für jedes Herz 32 Perlen auf einen Silberdraht fädeln, den Drahtanfang und das Drahtende etwa 3 cm lang zusammendrehen. Aus dem Perlenring ein Herz formen. Für jedes Glas sechs Herzen herstellen.

Die Strohseide in kleinere Stücke reißen. Die Herzen gleichmäßig am Glasrand entlang befestigen: Hierfür mehrere kleine Stücke Strohseide mit Serviettenkleber einstreichen und jeweils über das Drahtende eines Herzens kleben. Nach dem Trocknen das übrige Glas mit einer dünnen Schicht Strohseide bekleben und trocknen lassen. Das Kerzenglas mit einem Chiffonband verzieren.

Die Summe unseres Lebens sind die Stunden, in denen wir liebten.

WILHELM BUSCH

Blumenschmuck

MATERIAL
- Glasvase, 15 cm hoch, 12 cm Ø
- Filzband in Pink, 15 cm breit
- Dekostecknadeln mit Perlenkopf

Das Filzband um das Glas herumlegen, abschneiden und mit den Stecknadeln wie abgebildet fixieren. Zur Dekoration ein Stoffherz anstecken (Anleitung siehe Seite 10).

Aus weißen und pinkfarbenen Rosen, Frauenmantel, Kamille, lilafarbenen Glockenblumen (oder Lavendel) und Efeu einen kleinen Strauß binden.

Gästebuch

Das Motivpapier auf die Größe 17 x 21 cm zuschneiden. Die Herzvorlage auf das Maulbeerbaumpapier übertragen und ausschneiden. Mit der Lochzange zwei Löcher einstanzen, die beiden Bänder durchziehen und zur Schleife binden. Das Album wie abgebildet mit Deko-Tape, Motivpapier und dem Herzen bekleben. Am Computer den Schriftzug „Unsere Hochzeitsgäste" anfertigen, farbig ausdrucken, auf die Größe 19 x 3,5 cm zuschneiden und ergänzen.

MATERIAL
- Album, querformatig, DIN A4
- Motivpapier „Ornamente mit Herzen" in Rosa
- Maulbeerbaumpapier in Rosa
- Organzaband in Pink, 5 mm breit
- Satinband in Weiß, 5 mm breit
- Deko-Tape „Herzen" in Weiß, selbstklebend

VORLAGE 2 „Herz", Seite 74

Stift

MATERIAL
- Gelstift
- Strohseide in Pink
- Draht, 0,4 mm Ø
- Wachsperlen in Weiß, 3 mm Ø
- Serviettenkleber
- Glanzlack

Für das Herz 32 Perlen auf den Draht fädeln und die Drahtenden 2 cm lang miteinander verdrehen. Den Perlendraht zum Herz formen.

In die Rückseite des Stiftes ein kleines Loch bohren und das Herz einkleben. Den Stift mit mehreren Lagen Strohseide bekleben (Serviettenkleber), gut trocknen lassen und anschließend mit Glanzlack überziehen.

Stuhldeko

Aus der Buchsbaumgirlande einen Kreis mit einem Durchmesser von 15 cm formen. Die Perlen auf den Draht fädeln und ein Herz formen, das in den Kreis passt. Den Anfang und das Ende des Drahtes verdrehen und an dem Kreis befestigen. Die Bänder anknoten und teilweise zu einer Schleife binden.

MATERIAL
· Buchsbaumgirlande
· Rocailleperlen in Weiß, Pink, Grün, 4 mm Ø
· Silberdraht, 0,4 mm Ø
· Chiffonbänder:
  - in Weiß, 5 mm und 2,5 cm breit
  - in Pink, 2,5 cm breit

In der Liebe versinken und verlieren sich alle Widersprüche des Lebens.
Nur in der Liebe sind Einheit und Zweiheit nicht in Widerstreit.

RABINDRANATH TAGORE

Save the date!

Für eine gute Planung ist es hilfreich, vor allem auswärtige Gäste frühzeitig auf den Hochzeitstermin hinzuweisen. Am besten vier bis zwölf Monate vor der Hochzeit eine Save-the-date-Karte an die Familie und an Freunde schicken. Falls Sie bereits ein bestimmtes Motiv (z. B. einen Stempel) für die Hochzeit ausgesucht haben, ist es sehr stimmig, dieses Motiv schon auf der Save-the-date-Karte abzubilden. Außerdem das Hochzeitsdatum, den Ort der Feier und natürlich Ihre Namen angeben. Auf der anderen Seite Absender und Adresse notieren und nach Wunsch „Bitte den Termin vormerken, Einladung folgt später" hinzufügen.

Einladungskarten

Karte „Wir trauen uns"

MATERIAL
- Doppelkarte „Bütten" in Weiß, DIN A6
- Maulbeerbaumpapier in Rosa
- Strohseide in Pink
- Brads „Herz"

VORLAGE 3 „Herz", Seite 74

Das Maulbeerbaumpapier auf die Größe 8 x 12 cm zuschneiden und die Herzvorlage mit Bleistift darauf übertragen. Von der Strohseide kleine Stücke abreißen und zu Kügelchen formen. Die Herzform mit den kleinen Kügelchen bekleben. Den fertig gestalteten Zuschnitt auf der Karte fixieren. Den Text „Wir trauen uns" am Computer erstellen, farbig ausdrucken, auf 9 x 3,5 cm zuschneiden, aufkleben und mit zwei Brads verzieren.

Karte mit genähtem Herz

Aus weißem Tonkarton ein 8 x 8 cm großes Stück zuschneiden. Insgesamt sieben Strohseidenstücke in verschiedenen Farben, je 7 x 7 cm, zuschneiden und farblich abgestimmt aufeinanderlegen. Auf das oberste Stück nach der Vorlage ein Herz aufzeichnen und alle sieben Stücke gleichzeitig ausschneiden. Die Herzen mit der Nähmaschine auf den Tonkarton nähen und auffächern. Motivpapier, 9,5 x 9,5 cm, zuschneiden, auf der Karte fixieren und das aufgenähte Herz ergänzen.

MATERIAL
- Doppelkarte „Bütten" in Weiß, DIN A6
- Tonkarton in Weiß, geprägt
- Motivpapier „Ornamente mit Herzen" in Rosa
- Strohseide in Weiß, Rosa, Pink, Lila
- Nähmaschine

Vorlage 3 „Herz", Seite 74

18 Romantische Hochzeit

Karte mit Perlenherz

MATERIAL
- Doppelkarte „Bütten" in Weiß, DIN A6
- Tonkarton in Weiß, geprägt
- Wachsperlen in Weiß, 4 mm Ø
- Rocailleperlen mit Silbereinzug in Weinrot, 4 mm Ø
- Stempel „Ja! Wir heiraten"
- Stempelkissen, transparent
- Embossingpulver in Weinrot
- Nähnadel und Faden

VORLAGE 3 „Herz", Seite 74

Nach der Anleitung auf Seite 73 den Schriftzug auf die Karte stempeln und mit Embossingpulver einbrennen. Anschließend trocknen lassen.

Von dem geprägten Tonkarton ein 9 x 8 cm großes Stück zuschneiden und auf die Rückseite das Herz mit Bleistift vorzeichnen. Nun die Rocailleperlen gleichmäßig aufnähen, dabei einen Zwischenraum für die Wachsperlen lassen. Anschließend die Zwischenräume mit Wachsperlen auffüllen: Hierfür einen Faden durch eine zuvor aufgenähte Rocailleperle ziehen, dann eine Wachsperle aufnehmen, in den Zwischenraum setzen und den Faden durch die nächste Rocailleperle ziehen. Auf diese Weise die Zwischenräume nach und nach mit jeweils einer Wachsperle schließen. Den fertig gestalteten Zuschnitt auf die Karte kleben.

Die wahre Liebe ist die treue Begleiterin der Alltäglichkeit.

KARL FERDINAND GUTZKOW

Danksagung

MATERIAL
- Doppelkarte „Bütten" in Weiß, DIN A6
- Papier mit Struktur in Weiß
- Maulbeerbaumpapier in Weinrot
- Stempel „Danke"
- Stempelkissen, transparent
- Embossingpulver in Rosa, Weinrot, Grün
- Chiffonband in Weiß, 5 mm breit

Das Maulbeerbaumpapier auf 8 x 14 cm, das weiße Papier auf 6 x 12,5 cm zuschneiden. Den Schriftzug „Danke" nach der Anleitung auf Seite 73 dreimal auf das weiße Papier stempeln und mit Embossingpulver einbrennen. Das Papier mit dem Schriftzug auf das Maulbeerbaumpapier kleben, anschließend beide mittig auf der Doppelkarte fixieren. Mit einer Nähnadel zwei Löcher durch alle Lagen der Kartenvorderseite stechen, ein Chiffonband hindurchziehen und vorne zur Schleife binden.

Tipp Am besten die Stempeltechnik zuerst auf einem Stück Papier ausprobieren.

Rustikale Hochzeit – ländlich & draußen

Tischdeko

Serviettenring

Pro Serviettenring einen Motivkartonstreifen, 5 x 20 cm, zuschneiden. Am oberen und unteren Rand das Klebeband fixieren und den Streifen zum Ring zusammenkleben. Die Herzvorlage auf das Furnierholz übertragen und ein Herz ausschneiden. Mit der Lochzange zwei Löcher in das Herz stanzen, ein Satinband durchziehen und zur Schleife binden. Eine grün-weiß karierte Serviette in den Serviettenring stecken.

MATERIAL
- Motivkarton „Grüne Ranken"
- Deko-Tape in Grün-Weiß kariert mit Bogenrand
- Furnierholz
- Satinband in Weiß, 3 mm breit

VORLAGE 4 „Herz", Seite 74

Die wahre Liebe verausgabt sich nicht. Je mehr du gibst, umso mehr verbleibt dir.

ANTOINE DE SAINT-EXUPÉRY

24 Rustikale Hochzeit

Kerzendeko

MATERIAL
- Metall-Kerzenhalter-Box für 4 Kerzen, ca. 4 cm hoch, 15 cm breit, 54 cm lang
- 4 Kerzen in Grün, 10 cm hoch, 7 cm Ø
- 5 Birkenherzen, 4 cm
- Motivkarton „Grüne Ranken"
- Stecknadeln mit Perlenkopf
- Wachsperle, 8 mm Ø
- Karoband in Grün-Weiß, 1 cm breit
- Zierrandschere

Eine Metall-Kerzenhalter-Box, zum Beispiel für Adventskerzen, mit einem Streifen Motivkarton und Karoband ummanteln. In der Mitte ein Herz und eine Perle aufkleben. Die Box mit Blüten und Efeu füllen. Aus Motivkarton mit der Zierrandschere Kreise ausschneiden und als Kerzenuntersetzer auf die Kerzenhalter stecken. Die Kerzen aufsetzen. Jeweils ein Birkenherz mithilfe einer Stecknadel an jeder Kerze anbringen.

Auch wenn alles einmal aufhört – Glaube, Hoffnung und Liebe nicht. Diese drei werden immer bleiben; doch am höchsten steht die Liebe.

1. Korintherbrief

26 Rustikale Hochzeit

Stuhldeko

MATERIAL
- Fotokarton in Braun
- Druckerpapier in Grün
- 2 Halbperlen in Weiß, 8 mm Ø
- Chiffonbänder in Weiß, Grün, 5 mm breit
- 2 Hohlnieten
- Farbdrucker

VORLAGE 5 „Herz", Seite 75

Von der Website www.christophorus-verlag.de eine DIN-A4-Seite mit Holzmuster auf den Computer herunterladen, farbig ausdrucken und auf braunen Fotokarton kleben. Die Herzvorlage darauf übertragen und ausschneiden. Den Fensterladen wie in der Vorlage eingezeichnet an den gekennzeichneten Linien einschneiden und die Halbperlen aufkleben. Den Schriftzug mit dem Namen des Gastes am Computer anfertigen, auf grünem Papier ausdrucken, zuschneiden und hinter den Fensterausschnitt kleben. Die Nieten oben am Herz anbringen und das Herz mit den Bändern an einem Stuhl befestigen.

Kuchen-Menütafel

MATERIAL
- Holzscheibe, ca. 15 x 13 cm
- Tafellack in Schwarz
- Motivstanzer „Herz", 10 mm
- Motivkarton „Grüne Ranken"
- Kreidestift in Weiß

Die Holzscheibe mit Tafellack bemalen, dabei ringsherum einen Rand von 1 cm unbemalt lassen. Den Tafellack am besten in mehreren Schichten auftragen. Mit dem Motivstanzer aus dem Motivkarton Herzen austanzen und diese wie abgebildet als Borte aufkleben. Den Text mit einem weißen Kreidestift auf die Tafel schreiben.

28 Rustikale Hochzeit

Rebenherz & Hochzeitspaar

MATERIAL
Rebenherz
- Rebenherz, 32 x 29 cm
- Bambusstab, ca. 105 cm
- Motivkarton „Grüne Ranken"
- Druckerpapier in Grün
- Karoband in Grün-Weiß, 1 cm breit
- Chiffonbänder in Weiß, Hellgrün, 2,5 cm breit
- Furnierholz
- Wellenschere
- Heißkleber

Hochzeitspaar
- 2 Rundkopf-Wäscheklammern
- Minizylinder in Schwarz
- Chiffonstoffrest in Weiß
- Schmucksteine
- Dekohaare in Blond, Braun
- Draht, 0,4 mm Ø
- Bastelfarben in Weiß, Schwarz
- Filzstift in Rot

VORLAGE 4 „Herz", Seite 74

Den Bambusstab von unten in das Rebenherz schieben und eventuell mit Heißkleber fixieren. Aus dem Motivkarton einen Streifen, 7 x 26 cm, zuschneiden. Am Computer den Schriftzug für die Namen des Brautpaares anfertigen, auf grünes Papier ausdrucken, mit der Wellenschere auf 4 x 21 cm zuschneiden und auf den Motivkartonzuschnitt kleben. Mit der Lochzange zwei Löcher einstanzen und das Schild mit dem Karoband am Rebenherz befestigen.

Die Chiffonbänder großzügig zuschneiden und an der Herzspitze mit einem Knoten befestigen; eventuell mit Heißkleber fixieren. Nach der Vorlage Herzen aus dem Furnierholz schneiden und mit Heißkleber auf den Bändern verteilt festkleben.

Für das Brautpaar die beiden Wäscheklammern der Abbildung entsprechend bemalen. Die Schmucksteine, Haare und den Zylinder anbringen. Für den Schleier ein kleines Stück Chiffonstoff zurechtschneiden, mit Draht fixieren und aufkleben. Das Paar über dem Schild einstecken.

Des Liebenden Herz ist angefüllt mit einem Ozean. In seinen rollenden Wogen wiegt sanft sich das All.

RUMI

Keilrahmen für Gästewünsche

MATERIAL
- Keilrahmen, 30 x 40 cm
- Acrylfarbe in Lindgrün
- Baumscheibenstreu, 1 cm dick, 4–5 cm Ø
- Heißkleber

Zum Verzieren für die Gäste bereitstellen: Acrylfarben und Pinsel, Filzstifte, Herz-Pailletten, Halbperlen, Holzherzen, Strassherzen, Papier und Motivstanzer „Herz", Stempel, Klebeband

Den Keilrahmen grün grundieren und trocknen lassen. Am Compter die Schriftzüge für die Namen der Gäste anfertigen, ausdrucken, der Abbildung entsprechend zuschneiden und auf den Keilrahmen kleben. Die Gäste können nun jeweils eine Holzscheibe mit Herzmotiv und Text gestalten und anschließend die Scheibe mit Heißkleber auf dem Keilrahmen über ihrem Namen befestigen.

Tipp Die Baumscheiben können Sie auch selbst zusägen.

Die Hochzeitsgeschenke – Textbeispiele

Mit der Einladung zur Hochzeit sollten Sie die Gäste auch darüber informieren, was für Geschenke Sie gerne hätten. Da die meisten Brautpaare sich Geld wünschen, hier einige Textbeispiele dazu:

♡ *Wer sich fragt: „Was soll ich kaufen?",*
  muss sich nicht die Haare raufen.
  Wollt Ihr uns eine Freude machen,
  lasst doch unser Sparschwein lachen.

♡ *Man lädt nicht ein zum Hochzeitsfest,*
  damit man sich beschenken lässt,
  wollt Ihr es trotzdem, weil's so Sitte,
  dann haben wir die eine Bitte:
  Zerbrecht Euch nicht erst lang den Kopf,
  wir haben Schüsseln, Gläser, Topf.
  Für diesen guten alten Brauch,
  da tut's ein kleines „Scheinchen" auch.

♡ *Damit das Schenken nicht wird zur Qual,*
  ist Geld die allerbeste Wahl.

♡ *Wer uns etwas schenken möchte, darf dies gerne tun.*
  Am meisten würden wir uns über einen Beitrag zu
  (z. B. einem neuen Fernseher) freuen.

♡ *Liebe Gäste, unser Plan: Wir möchten nach Venedig fahr'n.*
  Falls Euch kein Geschenk einfällt, so gebt doch einfach „Flittergeld".
  Ein Beitrag zur Hochzeitsreise im Kuvert –
  das wäre nett, wir danken sehr.

♡ *Über Geschenke denkt Ihr nach? Noch liegt die Reisekasse brach.*

♡ *Für alle, die etwas schenken möchten und noch nach einer*
  Idee suchen, steht unser Organisator Jens zur Verfügung.

♡ *Ab 1.6.2013 steht im Kaufhaus „X" ein Hochzeitstisch bereit,*
  aber der Schlitz vom Sparschwein ist auch recht breit.

32 Rustikale Hochzeit

Einladungskarten

Karte mit Herzgirlande

MATERIAL
- Doppelkarte „Bütten" in Weiß, DIN A6
- Tonkarton in Weiß, geprägt
- Motivpapier „Ornamente mit Herzen" in Grün
- Papiergirlande „Herz" in Grüntönen (Herzgröße ca. 8 mm)

Motivpapier, 9 x 13,5 cm, zuschneiden und auf die Karte kleben. Von der Herzgirlande einen Streifen abschneiden und in leichtem Bogen auf die Karte kleben. Den Text am Computer erstellen, ausdrucken, auf 7 x 2,5 cm zuschneiden und auf ein 8 x 4 cm großes Stück Tonkarton kleben. Den Tonkarton auf der Karte fixieren.

Karte mit Kleeblatt

MATERIAL
- Doppelkarte in Grün, 15 x 15 cm
- Motivpapier „Ornamente mit Herzen" in Grün
- Transparentpapier
- Halbperle in Weiß, 8 mm Ø
- Furnierholz

VORLAGEN 4 „Herz" und 6 „Stiel", Seite 74

Motivpapier, 9 x 14 cm, zuschneiden und auf die linke Kartenseite kleben. Den Schriftzug „Einladung" auf Transparentpapier drucken und einen 3,5 cm breiten Streifen zuschneiden. Den Streifen der Abbildung entsprechend auf der Karte platzieren und auf der Karteninnenseite festkleben. Aus dem Furnierholz nach den Vorlagen vier Herzen und einen Stiel ausschneiden und aufkleben. Die Halbperle in der Mitte des Kleeblatts befestigen.

34 Rustikale Hochzeit

Karte mit Holzscheibe

MATERIAL
- Doppelkarte in Grün, 15 x 15 cm
- Motivkarton „Grüne Ranken"
- Transparentpapier
- Karoband in Grün-Weiß, 1 cm breit
- Baumscheibe, 5 mm dick, ca. 7 cm Ø
- Heißkleber
- Dekupier- oder Laubsäge

VORLAGE 7 „Herz", Seite 74

Die Herzvorlage auf die Holzscheibe übertragen und aussägen. Für das Band ein Loch in die obere Mitte bohren, das Karoband durchziehen und zur Schleife binden. Das Transparentpapier wie abgebildet mit dem Schriftzug „Gesucht & Gefunden" farbig bedrucken und auf 11,5 x 13,5 cm zuschneiden. Das Transparentpapier auf die Karte kleben, dabei nur in dem Bereich Kleber auftragen, der anschließend mit Motivkarton, 9 x 11,5 cm, überklebt wird. Zum Schluss die Holzscheibe mit Heißkleber fixieren.

Tipps

- Zum Einfädeln des Laubsägeblattes in die Mitte der Baumscheibe mit der Bohrmaschine zuerst ein Loch bohren, dann das Sägeblatt durchziehen, festspannen und das Herz anschließend vorsichtig aussägen.
- Wer keine Säge zur Verfügung hat, kann die Herzen auch ganz leicht aus dünnem Furnierholz zuschneiden.

Das größte Glück der Liebe besteht darin, Ruhe in einem anderen Herzen zu finden.

JULIE DE LESPINASSE

Danksagung

MATERIAL
· Doppelkarte in Grün, 15 x 15 cm
· Druckerpapier in Grün
· Karoband in Grün-Weiß, 1 cm breit
· Farbdrucker

Von der Website www.christophorus-verlag.de eine DIN-A4-Seite mit Holzmuster auf den Computer herunterladen, farbig ausdrucken, auf 12 x 12 cm zuschneiden und mittig auf die Kartenvorderseite kleben. Für den Fensterladen ein Rechteck, 8 x 9 cm, der Abbildung entsprechend einschneiden. Den gewünschten Text am Computer erstellen und auf grünes Papier drucken. Das bedruckte Papier hinter den Fensterausschnitt kleben. Mit der Lochzange ein Loch in jeden Fensterladen stanzen, jeweils ein Karoband durchziehen und auf der Innenseite festkleben. Zum Verschließen die beiden Bänder zur Schleife binden.

Tipp In das Fenster kann auch ein Foto des Brautpaares geklebt werden.

„Danke"-Sekt

MATERIAL
- kleine Sektflasche
- Motivkarton „Grüne Ranken"
- Druckerpapier in Grün
- Halbperle in Weiß, 5 mm Ø

VORLAGE 8 „Etikett", Seite 74

Aus dem Motivkarton einen Streifen, 6 x 26 cm, zuschneiden. Ein Foto auf grünes Papier drucken, auf 5 x 4,5 cm zuschneiden und auf ein Stück grünes Papier, 7 x 18 cm, kleben. Das Foto auf den Kartonstreifen kleben und diesen um die Flasche herum befestigen. Den gewünschten Text am Computer erstellen, auf grünes Papier ausdrucken und das Etikett anhand der Vorlage zuschneiden. Das Etikett um den Flaschenhals legen und festkleben. Eine weiße Halbperle ergänzen.

*Je größer die Liebe,
desto mannigfaltiger diese Welt.*

NOVALIS

Bunte Hochzeit – farbenprächtig & fröhlich

Tischdeko

Tischband

Zwei Stoffbänder auf Tischlänge zuschneiden. Jedes Band mit farbigen Papierblüten bekleben. Den Mittelpunkt jeder Blüte mit einer farbigen Acrylhalbperle verzieren.

MATERIAL
- Tischband „Crashoptik" in Hellgrün, 10 cm breit
- Papierblütenmischung in Gelb-, Grün-, Rot- und Rosétönen, 3–7 cm Ø
- Acrylhalbperlenpackung, bunt gemischt, 5 mm Ø

Tischkartenlicht

MATERIAL
- Pappmaschee-Teelichthalter „Herz", 12 x 10 x 2,5 cm
- Teelicht, farbig
- Acrylfarbe
- Lackstift in Weiß
- Kerzenpen in Weiß

Für jeden Gast einen Kerzenhalter in Herzform farbig bemalen und gut trocknen lassen. Den Namen des Gastes mit weißem Lackstift auf die Form schreiben. Ein farbiges Teelicht einsetzen und um den Docht herum mit einem weißen Kerzenpen Blütenblätter aufmalen.

Die Liebe gibt nichts als sich selbst und nimmt nichts als von sich selbst. Die Liebe besitzt nicht, noch will sie Besitz sein. Denn die Liebe ist der Liebe genug.

KHALIL GIBRAN

42 Bunte Hochzeit

Tischlicht

MATERIAL
- Glas, 11 cm hoch, 9 cm Ø
- Basteldraht in Rot bzw. Hellgrün, 0,4 mm Ø
- Perlenmix-Packung, 2–7 mm Ø
- Stricknadeln Nr. 4,5
- doppelseitiges Klebeband
- Dekokies in Orange
- Teelichter mit Metallhülle

Für das Drahtgeflecht etwa 80 Perlen und Pailletten in unterschiedlichen Formen und Größen auf roten bzw. hellgrünen Basteldraht fädeln. Mit den Stricknadeln locker 20 Maschen anschlagen (je nach Glasgröße können es auch mehr sein). Die ersten beiden Reihen nur rechte Maschen stricken. Dann nach und nach die aufgefädelten Perlen mit einstricken. Den Umfang immer wieder am Glas kontrollieren und sobald die entsprechende Länge erreicht ist, die Maschen abketten. Das Drahtgeflecht mit einem Stück Draht zu einem Ring schließen und über das Glas ziehen. Die Metallhülle jedes Teelichts rundherum mit doppelseitigem Klebeband bekleben und orangefarbenen Dekokies daran befestigen.

Ein Tropfen Liebe ist mehr als ein Ozean Verstand.

BLAISE PASCAL

Blumenschmuck

Zinnien in Gelb, Orange, Rosa, Rot und Pink sowie Schleierkraut zu einem Strauß binden und in einen kleinen farbigen Keramiktopf setzen.

Kuchenstecker

MATERIAL
· Scrapbookingpapier „Punkte"
· Holzspieße

Für jedes Herz einen Streifen, 1,5 x 30 cm, zuschneiden. Den Streifen in der Mitte falten, zu einem Herz formen und die beiden offenen Enden zusammenkleben. Das Herz an einem Holzspieß befestigen.

Liebe besteht nicht nur darin, dass man einander ansieht, sondern dass man in die gleiche Richtung blickt.

ANTOINE DE SAINT-EXUPÉRY

Leuchtende Hochzeitstorte

MATERIAL
- Kerze in Pink, 11 cm hoch, 19 cm Ø
- Kerze in Creme, 12 cm hoch, 13 cm Ø
- Kerze in Grün, 10 cm hoch, 10 cm Ø
- Papierblütenmischung, 3–7 cm Ø
- Stecknadeln mit Perlenkopf

Die drei Kerzen aufeinanderstellen. Jede Kerze mit Papierblüten verzieren: Die Blüten mit Zierstecknadeln am Kerzenrand befestigen.

Stuhldeko

MATERIAL
- Metallherz aus gewelltem Flachdraht, 15 cm groß
- Silberdraht, 0,4 mm Ø
- Perlen und Pailletten in verschiedenen Formen und Größen
- Satinband in Weiß, 3 mm breit

Die Perlen und Pailletten in willkürlicher Reihenfolge auf den Silberdraht fädeln und in unregelmäßigen Abständen durch Drehen am Draht fixieren; dabei nicht nur die Perle verdrehen, sondern auch ein Stück Draht. Den fertigen Perlendraht mehrmals um die Herzform herumwickeln. Ein Satinband als Aufhängung anknoten.

Tipp
Es können auch mehrere kürzere Drähte um die Herzform herum gewickelt werden, bis die gewünschte Perlendichte erreicht ist.

Mini-Baum für Gästewünsche

MATERIAL
- Keramikübertopf
- Trockensteckmasse
- Äste
- Sand
- Sisalgras in Weiß
- Papier in verschiedenen Farben
- Filzstift in Schwarz
- Heißkleber

VORLAGE 9 „Blüte", „Blatt", Seite 75

Den Keramikübertopf mit Steckmasse und etwas Sand (für bessere Stabilität) füllen. Die Äste in den Topf stecken. Aus buntem Papier Blüten und Blätter ausschneiden und von jedem Gast mit guten Wünschen für das Brautpaar beschriften lassen. Die Blüten und Blätter mit Heißkleber an den Ästen befestigen.

Tipp Falls der Baum größer sein soll, empfiehlt es sich, die Äste mit Fertigbeton aus dem Baumarkt in einem entsprechend großen Gefäß zu befestigen.

Die Liebe, welch lieblicher Dunst,
doch in der Ehe, da steckt die Kunst.

THEODOR STORM

48 Bunte Hochzeit

Einladungen

Karte mit Blüten

MATERIAL
- Doppelkarte in Grün, 15 x 15 cm
- Transparentpapier
- Papierblütenmischung, 3–7 cm Ø
- Acrylhalbperlen, farbig, 5 mm Ø

Die Doppelparte der Abbildung entsprechend mit Papierblüten in verschiedenen Größen bekleben. Im Blütenmittelpunkt der kleinsten Blüte jeweils eine runde Acrylhalbperle befestigen. Den Text am Computer erstellen, auf Transparentpapier ausdrucken und zwei 2 x 10 cm große Streifen als Stiele zuschneiden. Die Stiele nur am oberen Rand mit Klebstoff bestreichen und jeweils unter dem größten Blütenblatt festkleben.

Die Einladung – Textbeispiele

♡ Wir sagen Ja!
Zu unserer Hochzeitsfeier am 17.08.2013 seid Ihr herzlich eingeladen: Um 13 Uhr findet im Standesamt Offenburg die Trauung statt. Gefeiert wird ab 14 Uhr im „Schwarzwaldblick". Das größte Geschenk macht Ihr uns, wenn Ihr kommt!

♡ Wir heiraten und möchten diesen Tag gemeinsam mit Euch feiern!
Die kirchliche Trauung ist am 22.06.2013 um 14 Uhr in der Johanneskirche. Anschließend freuen wir uns, wenn Ihr im Hotel „Zum Löwen" unsere Gäste seid.
Bei Fragen zur Gestaltung des Abends wendet Euch an unsere Trauzeugen Sarah und Marc. (Telefon: ……/E-Mail: ……).
Bitte gebt uns bis zum 16.02.2013 Bescheid, ob Ihr kommt und ob Ihr eines der im Hotel reservierten Zimmer nutzen möchtet!

♡ Wir trauen uns!
Am 13. September 2013 geben wir uns im Standesamt in Köln das Ja-Wort. Die Ringe werden wir am 14. September 2012 ab 12 Uhr in der Maria-Hilf-Kirche tauschen. Ihr seid herzlich eingeladen, dies anschließend mit uns im Restaurant „Zur Sonne" zu feiern. Wir freuen uns auf Euer Kommen!
U. A. w. g. bis zum 15. Juni 2013

♡ Unsere Junggesellenzeit endet am 18.05.2013 um 12 Uhr auf dem Standesamt in Wiesbaden. Diesen besonderen Tag möchten wir mit unseren Freunden und Verwandten ab 14 Uhr in der „Hubertus-hütte" im Goldsteintal feiern.
Bitte gebt uns bis zum 31.01.2013 unter Telefonnr.: …… Bescheid, ob Ihr kommt!

50 Bunte Hochzeit

52 Bunte Hochzeit

Beutel mit Glücksreis

MATERIAL
- Klarsichtbeutel, 11,5 x 19 cm
- Reis
- Herzpailletten in Rot, 0,5–1 cm
- Brad „Herz"

Einen Klarsichtbeutel mit drei bis vier Esslöffel Reis und einigen Herzpailletten füllen. Für das Etikett den gewünschten Text am Computer erstellen, farbig ausdrucken und das Papier zuschneiden. Den Tütenrand mehrfach falten, das Etikett um den Rand herumlegen und mit einem Brad verschließen.

Schüttelkarte mit roten Herzen

Die Vorderseite der Doppelkarte mit einem quadratischen Ausschnitt, 9,5 x 9,5 cm, versehen. Den Ausschnitt mit weißem Chiffonstoff hinterkleben. Die Vorderseite nach links aufklappen und rote Herzpailletten auf dem Chiffonstoff verteilen. Aus weißem Karton ein Quadrat, 12 x 12 cm, zuschneiden und hinter dem Ausschnitt befestigen.

MATERIAL
- Doppelkarte in Weiß, 13,5 x 13,5 cm
- Chiffonstoff in Weiß, 9,5 x 9,5 cm
- Fotokarton in Weiß, 12 x 12 cm
- Herzpailletten in Rot, 0,5–1 cm

Glück ist Liebe, nichts anderes. Wer lieben kann, ist glücklich.

HERMANN HESSE

Danksagungs-CD

Für die CD eine Software zur Beschriftung von CD-Covern auswählen, zum Beispiel „SureThing CD Labeler Deluxe". Den Anweisungen des Programms folgen und das CD-Cover nach Wunsch gestalten und beschriften. Eine Auswahl an Hochzeitsfotos auf die CD brennen. Die CD in das Kuvert stecken.

MATERIAL
· beschreibbare CD
· CD-Kuvert, durchsichtig

Die Danksagung – Textbeispiele

♡ Danke sagen wir allen, die uns mit Glückwünschen, Blumen und Geschenken zu unserer Hochzeit eine große Freude gemacht haben.

♡ Durch Eure Glückwünsche und Aufmerksamkeiten wurde unsere Hochzeit zu einem wunderbaren Tag. Vielen Dank!

♡ Mit Euch haben wir einen unvergesslichen Tag erlebt! Für die Glückwünsche, Blumen und Geschenke anlässlich unserer Hochzeit möchten wir uns ganz herzlich bedanken!

♡ Die vielen lieben Glückwünsche und Aufmerksamkeiten zu unserer Hochzeit nehmen wir mit großem Dank entgegen. Kein Tag hätte schöner sein können, es war unvergesslich!

♡ Aus den Flitterwochen zurück möchten wir uns bei Euch für ein tolles Fest und wunderschöne Erinnerungen bedanken. Dankeschön auch für die vielen Glückwünsche und Geschenke, Blumen und Aufmerksamkeiten!

Edle Hochzeit – exquisit & festlich

Tischdeko

Tischläufer

MATERIAL
- Tischläufer aus Leinen in Weiß
- Stoffmalfarbe in Weinrot
- Softschablone „Anlass", 9,5 x 20 cm

Auf den Rand des Tischläufers kleine Herzen und im mittleren Bereich des Läufers den Schriftzug „Love" mithilfe der Schablone aufmalen. Die Farbe gut trocknen lassen.

Menükarte

MATERIAL
- Tortenspitze in Weiß, 20 cm Ø
- Druckerpapier in Weiß

Den Text für die Menüreihenfolge am Computer erstellen (dabei die einzelnen Gänge durch rote Herz-Sonderzeichen trennen), farbig ausdrucken, das Papier rund zuschneiden und mittig auf die Tortenspitze kleben. Die Tortenspitze auf einen Unterteller legen, einen Glasteller daraufstellen.

Die Blume der Liebe braucht kleine und große Regenschauer, um ihre Frische zu bewahren.

HENRIK IBSEN

58 Edle Hochzeit

Sektkelch als Tischkarte

MATERIAL
- Sektkelch
- Lackstift in Weiß

Den Namen des Gastes mit einem weißen Lackstift auf einen Sektkelch oder auf ein Weinglas schreiben.

Tipp Mit etwas Universal-Verdünnung lässt sich die Farbe des Stiftes leicht wieder abwischen.

Give-away-Schachtel

MATERIAL
- Pappmacheeschachtel „Herz" in Weiß, 5,5 x 6 x 4 cm
- Krepppapier in Weinrot
- Wachsperle in Weiß, 8 mm Ø
- Heißkleber

Für jeden Gast eine Pappmacheedose mit einer Krepppapierrose dekorieren. Für die Rose von dem Krepppapier einen 5 x 25 cm großen Streifen abschneiden. Den Streifen längs falten und zur Rose aufwickeln, dabei zwischendurch immer wieder mit Heißkleber fixieren. Die Rose auf die Herzschachtel kleben und mit einer Perle verzieren.

Rosenkugel

MATERIAL
- Trockensteckform „Kugel", 12 cm Ø
- Rebenkranz, 17 cm Ø
- Organzabänder in Weiß, Rot, 2,5 cm und 4 cm breit
- Satinband in Creme, 2,5 und 4 cm breit
- Krepppapier in Weiß, Weinrot, 6 cm breit
- Wachsperlen in Weiß, 8 mm Ø, 10 mm Ø, 12 mm Ø, je 1x
- Steckdraht, geglüht, 0,6 mm Ø
- Heißkleber
- eventuell Holzgestell „Rosenwunder"

Die Kugel halbieren und mit Heißkleber auf dem Rebenkranz befestigen. Die Rosen in verschiedenen Größen aus Satinband, Organzaband und Krepppapier anfertigen: Das jeweilige Band bzw. die Streifen am Anfang etwa 5 cm lang längs falten und eng aufwickeln, so entsteht die Rosenmitte. Anschließend das Band etwas lockerer wickeln und dabei immer wieder in sich selbst verdrehen, um den typischen Blütenblatteffekt zu erzielen. Die fertigen Rosen jeweils mit Heißkleber auf der Kugel fixieren. Zuletzt drei Perlen in unterschiedlichen Größen auf stabilen Draht fädeln, den Draht oben mit einer Zange zu einer Spirale biegen und den Draht auf der fertigen Rosenkugel mittig einstecken.

Tipp Mithilfe des Holzgestells „Rosenwunder" gelingt die Anfertigung der Rosen ganz leicht.

Kerzenleuchter

MATERIAL
- Kerzenleuchter, antik
- Holzring, 8 cm Ø
- Floristenkreppband in Weiß
- Krepppapier in Weiß, Weinrot
- Chiffonband in Weinrot, 5mm Ø
- Wachsperlen in Weiß, 8 mm Ø
- Stecknadeln mit Perlenkopf

Den Holzring mit weißem Kreppband umwickeln. Aus Krepppapier kleine Rosen anfertigen (Anleitung siehe links) und diese der Abbildung entsprechend auf den Ring kleben. Auf die Chiffonbänder Perlen fädeln und die Bänder am Ring befestigen. Den Ring am Kerzenständer festbinden. Zwei weitere kleine Rosen formen und jeweils mit einer Zierstecknadel an den Kerzen fixieren.

*Wer liebt und geliebt wird,
hat die Sonne von beiden Seiten.*

PHIL BOSMANS

Herzen-Deko

MATERIAL
- Sperrholz, 6 mm stark, 16 x 25 cm (pro Herz)
- Acrylfarben in Weiß, Elfenbein, Weinrot
- Softschablone „Anlass", 9,5 x 20 cm
- Chiffonband in Rot, 2,5 cm breit
- Tortenspitze in Weiß
- Schleifpapier
- Dekupiersäge
- Bohrer, 4 mm Ø

VORLAGE 10 „Herz", Seite 74

Die Herzen nach der Vorlage auf das Sperrholz übertragen und aussägen. Die Kanten schleifen und die Herzen bemalen. Nach dem Trocknen den Schriftzug „Love" mithilfe der Schablone auftupfen. Für die Motivbögen eine Tortenspitze als Schablone auflegen und die Farbe vorsichtig auftupfen. Für die Aufhängung ein Loch bohren und ein Chiffonband durchziehen.

Edle Hochzeit

Behälter für Gästewünsche

MATERIAL
- Pappmascheedose, 16,5 cm Ø
- Motivpapier „Steine"
- Kieselsteine
- Lackstift in Schwarz
- Farbdrucker

Von der Website www.christophorus-verlag.de eine DIN-A4-Seite mit Steinmuster auf den Computer herunterladen und farbig ausdrucken. Den Text „Wir wünschen Euch für den gemeinsamen Lebensweg …" am Computer erstellen und auf das Steinpapier drucken. Den Deckel der Pappmascheedose mit dem bedruckten Steinpapier bekleben. Für jeden Gast einen Kieselstein bereithalten. Während der Hochzeitsfeier die Gäste bitten, jeweils einen Wunsch für den weiteren Lebensweg des Brautpaares mit schwarzem Lackstift auf einen Stein zu schreiben.

Die Liebe allein versteht das Geheimnis, andere zu beschenken und dabei selbst reich zu werden.

CLEMENS BRENTANO

Einladungskarten

Karte mit rotem Herz

MATERIAL
- Doppelkarte in Weiß, 13,5 x 13,5 cm
- Maulbeerbaumpapier in Rot
- Silberdraht, 0,4 mm Ø

VORLAGE 3 „Herz", Seite 74

Die Doppelkarte mit einem Stück Maulbeerbaumpapier, 12 x 12 cm, bekleben. Den Schriftzug „Mitten ins Herz" am Computer erstellen, farbig ausdrucken, das Papier auf 10 x 10 cm zuschneiden und aufkleben. Ein Herz nach der Vorlage aus Maulbeerbaumpapier ausschneiden. Für den Pfeil ein 18 cm langes Stück Silberdraht in der Mitte knicken, zusammendrehen und zusammen mit dem Herzen der Abbildung entsprechend aufkleben. Aus dem roten Papier ein kleines Dreieck für die Pfeilspitze zuschneiden und ergänzen.

Karte mit Steinen

MATERIAL
- Doppelkarte in Cremeweiß, 13,5 x 13,5 cm
- Transparentpapier „Hochzeit"
- Farbdrucker

Die Vorderseite der Doppelkarte mit einem Stück Transparentpapier, 12 x 12 cm, bekleben. Nach der Anleitung auf Seite 66 den Text „Unser gemeinsamer Lebensweg beginnt …" am Computer erstellen und auf Steinpapier ausdrucken. Das Papier auf 10 x 10 cm zuschneiden und aufkleben.

68 Edle Hochzeit

Karte mit Silberherzen

MATERIAL
- Doppelkarte aus Japanseide in Weiß, DIN B6
- Transparentpapier
- 2 Metallherzen, 4,3 cm
- Halbperlen in Silber, 4 mm Ø
- Nähnadel und Faden in Weiß

Den Text am Computer anfertigen, auf Transparentpapier drucken und das Papier auf 9 x 4,5 cm zuschneiden. Das Transparentpapierrechteck so auf die Vorderseite der Karte nähen, dass eine Tasche entsteht. Zwei Metallherzen in die Tasche stecken.

Danksagung

MATERIAL
· Doppelkarte in Weiß, 13,5 x 13,5 cm
· Transparentpapier „Hochzeit"
· Metall-Rahmen „Romantik", 7,5 x 5 cm
· Heißkleber

Das Transparentpapier mit dem Schriftzug „Danke" der Abbildung entsprechend bedrucken und das Papier auf 12 x 12 cm zuschneiden. Die Kartenvorderseite mit dem Transparentpapier bekleben und einen Metallrahmen fixieren.

Freiwillige Abhängigkeit ist der schönste Zustand, und wie wäre der möglich ohne Liebe.

JOHANN WOLFGANG VON GOETHE

Material & Technik

Material

Alle Materialien sind im Schreibwaren- oder Bastelgeschäft erhältlich. Fertige Doppelkarten haben eine strukturierte und damit schönere Oberfläche als Fotokarton oder Tonpapier. Die meisten Papiere gibt es im DIN-A4-Format oder größer zu kaufen. Für Einlege- und Schmuckpapiere dünnes Papier (100 g/qm), für grundlegende Elemente dickeres Papier (160 g/qm) verwenden. Mit verschiedenen Motivstanzern lassen sich gut Streuartikel herstellen.

Hilfsmittel

Folgende Hilfsmittel sollten Sie bereitlegen: Bleistift, Radiergummi, Lineal, Geodreieck, Transparentpapier, Papierschere, Nagelschere, Cutter mit Unterlage, Lochzange, Klebstoff, Bunt- und Filzstifte.

Vorlagen übertragen

Die einzelnen Motivteile ohne Überschneidungen auf Transparentpapier abpausen, die Rückseite mit weichem Bleistift schraffieren und mit dieser Seite auf den gewünschten Tonkarton legen. Die Linien des Motivs noch einmal nachzeichnen. Die Motivteile ausschneiden. Kleine Teile lassen sich gut mit einer Nagelschere schneiden, für Einschnitte einen Cutter mit Unterlage benutzen.

Schablonen anfertigen

Für Motivteile, die häufiger benötigt werden, empfiehlt es sich, Schablonen anzufertigen. Dafür das Transparentpapier mit dem abgepausten Motiv auf einen Tonkartonrest kleben und ausschneiden. Die Schablone auf das jeweilige Material legen, die Umrisse mit Bleistift nachzeichnen und ausschneiden.

Kleben

Zum Kleben von Karton und Papier genügt ein normaler Alleskleber. Auch doppelseitiges Klebeband eignet sich zum Fixieren sehr gut, denn es haftet fast unsichtbar.

Karten beschriften

Wer über eine schöne Handschrift verfügt, kann die Karten sehr wirkungsvoll mit Kalligrafie-Pens (Strichbreite: 2.0 oder 3.5) beschriften. Längere Texte am besten am Computer in einer Schrift Ihrer Wahl schreiben. Es gibt viele Standardschriften, die dafür gut geeignet sind.

Hier einige Beispiele:

Herzliche Einladung (Verdana)

Herzliche Einladung (Comic Sans MS)

Herzliche Einladung (Bookman Old Style)

Herzliche Einladung (Lucida Handwriting)

Herzliche Einladung (Monotype Corsiva)

Bei der Beschriftung die Schriftgröße, den Zeilenabstand und die Spaltenbreite der Größe der Karte anpassen. Am besten rechts und links mindestens 1,5 cm, oben und unten 2 cm Rand lassen, damit der Text nicht gequetscht wirkt. Schön sieht es aus, wenn der Text zentriert gesetzt ist. Wichtig: Die Karte oder das Papier immer erst nach dem Drucken zuschneiden!
Bei den Menükarten zwischen den einzelnen Gängen mehrere Leerzeilen Abstand lassen oder kleine Herzen, Punkte oder andere Sonderzeichen setzen.

1

Embossingtechnik

Für das Stempeln mit Embossingeffekt benötigt man ein spezielles Pigmentstempelkissen und Embossingpulver, beides ist im Hobbyfachhandel erhältlich.

1 Den Stempel mehrfach leicht auf das Stempelkissen drücken, bis die Motivfläche gleichmäßig angefeuchtet bzw. glänzend oder farbig ist. Sollte der Stempel größer sein als das Stempelkissen, dreht man ihn beim Befeuchten rundum und benetzt jeweils einen Teil, bis schließlich die gesamte Motivfläche gut befeuchtet ist. Anschließend das Motiv auf das Papier stempeln.

2 Den feuchten Stempelaufdruck großzügig mit Embossingpulver bestreuen und mindestens zwei Minuten trocknen lassen.

3 Überschüssiges Pulver zurück in die Dose schütten, Restkörner durch vorsichtiges Schnippen gegen die Rückseite des Papiers oder mit einem trockenen Pinsel sorgfältig entfernen.

4 Den Aufdruck über einem Toaster oder mit einem speziellen Heißluftföhn (Heat-Tool) zum Schmelzen bringen. Das Motiv nur so lange erhitzen, bis es eine reliefartige, glänzende Oberfläche hat und nicht mehr körnig ist.

2

3

Blumenschmuck

Blumen bilden immer ein lebendiges Element einer Tischdekoration. Sie können gut in das jeweilige Thema der Feier integriert werden, entweder mit edlen Blumen wie Rosen oder mit jahreszeitlichen Arrangements. Dabei muss es nicht immer ein großer Strauß sein. Auch einzelne Blumen sehen in kleinen Gläsern wunderschön aus.

4

73

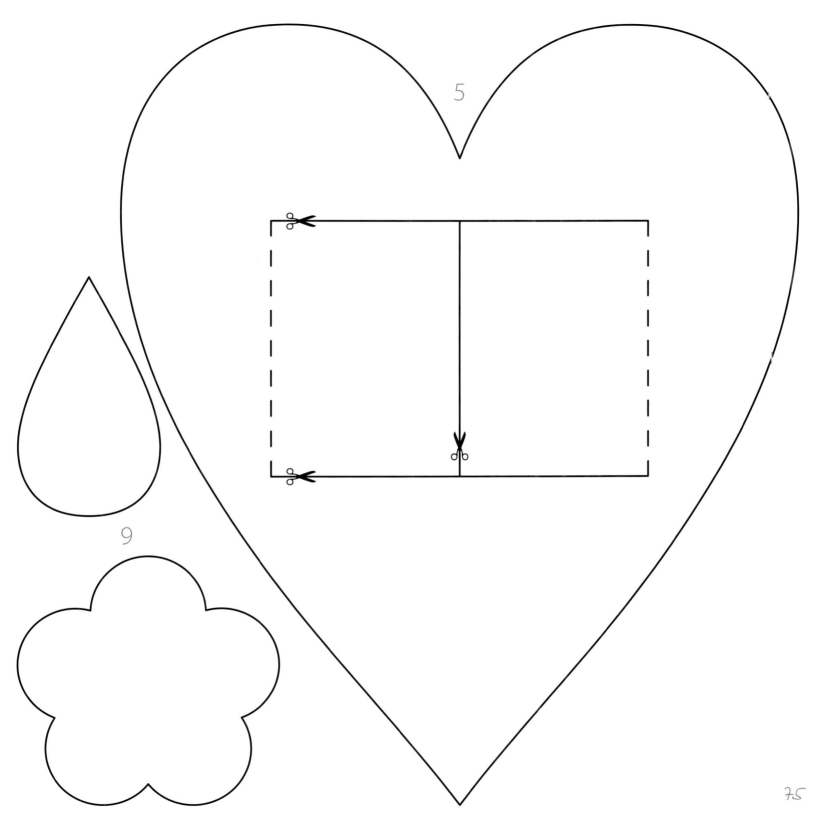

Impressum

Lektorat: Gisa Windhüfel, Freiburg
Fotos: Uli Glasemann, Offenburg;
Fotolia.com:
Seite 17: © Hildebrandt
Seite 24: © emmi
Seite 28: © MNStudio
Seite 54: © gudrun
Seite 58: © Corinna Gissemann
Seite 64: © Monkey Business
Seite 66: © Sandra Thiele
Seite 70: © Reicher
Styling: Elke Reith, Offenburg
Gesamtgestaltung: GrafikwerkFreiburg
Reproduktion: Meyle + Müller GmbH & Co. KG, Pforzheim
Druck und Verarbeitung: Himmer AG, Augsburg

ISBN 978-3-8388-3467-2
Art.-Nr. CV3467

© 2013 Christophorus Verlag GmbH & Co. KG
Freiburg

Alle Rechte vorbehalten

Alle gezeigten Modelle, Illustrationen und Fotos sind urheberrechtlich geschützt. Jede gewerbliche Nutzung ist untersagt. Dies gilt auch für eine Vervielfältigung bzw. Verbreitung über elektronische Medien.
Autorin und Verlag haben alle Angaben und Anleitungen mit größtmöglicher Sorgfalt zusammengestellt. Dennoch kann bei Fehlern keinerlei Haftung für direkte oder indirekte Folgen übernommen werden.
Der Verlag übernimmt keine Gewähr und keine Haftung für die Verfügbarkeit der gezeigten Materialien.

Herstellerverzeichnis:
Folia, Max Bringmann KG
Heyda, Baier & Schneider GmbH & Co. KG
Rayher Hobby GmbH

Alle Materialien sind im Hobbyfachhandel erhältlich.

Kreativ-Service

Sie haben Fragen zu den Büchern und Materialien? Frau Erika Noll ist für Sie da und berät Sie rund um alle Kreativthemen. Rufen Sie an! Wir interessieren uns auch für Ihre eigenen Ideen und Anregungen. Sie erreichen Frau Noll per E-Mail: **mail@kreativ-service.info** oder Tel.: **+49 (0) 5052 / 91 18 58** Montag bis Donnerstag: 9–17 Uhr / Freitag: 9–13 Uhr

Besuchen Sie uns im Internet: **www.christophorus-verlag.de**

Annette Diepolder

Mit ihrem Atelier und dem dazugehörigen Laden hat Annette Diepolder ihre kreative Leidenschaft zur Hauptbeschäftigung gemacht. Die handgearbeiteten Unikate – Dekorationen, Schmuck und Accessoires – entstehen aus den unterschiedlichsten Materialien und Techniken. Ihre Workshops mit Kindern und Erwachsenen zu jahreszeitlichen und aktuellen Themen sind stets heiß begehrt und immer schnell ausgebucht. Als Kreativ-Autorin hat sie bereits verschiedene Titel im Christophorus Verlag veröffentlicht.
www.annette-diepolder.de